Keto Chica®

¡Esto fue lo que hice!

Laura Santiago

*"La valentía es el miedo,
resistiendo un minuto más..."*

George S. Patton

Dedico este libro a mi mejor amiga...la que me deja ser. Esa con un corazón de oro, incomparablemente bella. Esa que me enseñó con sus acciones lo que es ser "humano"; esa que anda con el orgullo desprendido, que nunca le ha servido y que con su espíritu humilde y generoso, continúa inspirándome cada día. Este libro está dedicado a ti, mami. Gracias por amarme y enseñarme tanto.

A mi titi que mira desde el cielo, gracias por creer en todos y cada uno de mis embelecos. Sé que desde el Paraíso disfrutas mis logros y me envías tu bendición. Te amo y extraño tanto, titi Lourdes. Esto también es para ti.

En esta dedicatoria incluyo además a todas esas madres "azules", guerreras incansables, que son fuente de inspiración día y noche. No están solas.

Por último y nunca menos importante: A mi esposo Alex, gracias por tu apoyo incondicional, por permitirme crecer, por amarme tal y como soy. A mis hijos Diego y Gabriel: esto es por y para ustedes. Mamá los ama infinitamente.

Gracias siempre al Todopoderoso por su infinita bondad.

A todos aquellos que me motivaron a compartir mi historia.

Lau

Detrás de una mujer fuerte...está ella misma y una familia que la ama y deja ser.

Introducción
Keto Chica
Laura Santiago

Adquiriste este libro. ¡Aplauso! Eso demuestra intención. El deseo de hacer un cambio físico ya sea por salud o verte y sentirte bien. Quizás estás motivada a entrar en ese pantalón que lleva guardado en el closet por años o tal vez hoy te dijiste como me dije yo misma hace meses atrás: "Laura, basta. No más "pity-party".[1] Tienes que hacer algo y es ya." Y así fue. Tomé control, luego de múltiples intentos por años y no miré atrás.

Quizás es solo curiosidad. Tal vez has escuchado la palabra "Keto" (Ceto en español) tantas veces en el último año, que sientes que no tienes de otra que unirte a esta "loca" (sí, a mí) y saber más.

El estilo de vida keto es fascinante y muy, muy interesante y es mi responsabilidad decirte lo siguiente: todo lo que compartiré en este libro, son mis experiencias, mi estilo de vida, mi alimentación, mi rutina de ejercicios y hago énfasis en MI. MI viaje.

Quizás lo que funcionó para mí, no funcione de igual forma con otra persona. Cada cuerpo es diferente y es importante entender esto.

---

[1] Celebrar las penas.

Fui diagnosticada con fibromialgia en febrero de 2011, luego de ver varios doctores que no podían encontrar una razón específica de mis intensos dolores y que ningún medicamento podía aliviar. Demás está decir cuán deprimida me sentía. Cuando ya estaba a punto de resignarme a vivir con dolor, un reumatólogo me recetó una pastilla "milagrosa" que me haría sentir mejor. Le creí. No mencionaré el medicamento porque no estoy buscando ser demandada, pero sí diré que me volví adicta a éste y dejarlo años después fue una de las experiencias más difíciles que me ha tocado vivir. Pero lo logré. Pude dejarlo poco a poco y a mi paso y esto hizo que aumentara unas 50 libras que había perdido años atrás, previo a mi diagnóstico. Me sentía "libre" y muy positiva de poder retomar control sin depender de ningún fármaco.

Luego comenzó la batalla de volver a perder peso. Anteriormente lo había logrado haciendo programas de ejercicios de una marca muy popular y tomando batidos de la misma compañía. Traté la misma fórmula por 3 años para quedarme estancada en peso y poco progreso. Gasté muchísimo dinero tratando de "encontrarme", invirtiendo en cuanta cosa que se me ofrecía: "clean eating", pastillas, "wraps", cremas, teses, suplementos, fajas... ¡Menciónalo y de seguro lo hice! La lista es larga y escribiendo esto me da risa y algo de vergüenza. Hay que encontrar el humor en todo esto, de lo contrario, me frustraría con tanto dinero perdido (¡sin contar los regaños de mi esposo!). Pero se aprende. Se aprende en el camino.

Me resigné a vivir con sobrepeso. Me di por vencida y por dos años me decía constantemente a mí misma: "Esta soy yo y así me han de querer. Mi esposo me ama tal como soy, mis hijos también y mis padres están orgullosos de mí. Esa voz interna tenía razón. Mi familia me quiere tal como soy, sin embargo, esto era una forma de autonegarme una oportunidad; la capacidad, la habilidad de hacer un cambio positivo, grande, transcendental. Esa esposa, madre, cerca de los 40 años, con fibromialgia y menopausia prematura y un peso de 186 libras en una estatura de 5 pies y una pulgada, no era yo. Esa no era Laura Santiago, la hija de Fina y Felo, la esposa de Alex, la mamá de Diego y Gabriel. Un día, como cosa del destino, me topé con la palabra KETO en Instagram (sí, Instagram). ¡Gracias "social media!".

Como líder innata, comencé a investigar sobre "keto". Cada búsqueda me llevaba a más preguntas, pero todas con respuestas.

Hace unos meses atrás, durante una cita médica de rutina y cuando ya había perdido unas 20 libras, mi enfermera preguntó cómo lo estaba logrando. Le mencioné con mucha cautela que estaba haciendo un estilo "low carb", ella sonrió y luego hizo una pausa cuando añadí: "y comiendo muchas grasas".

Claro que no le agradó, sin embargo, ésta me felicitó por mi progreso. Ella no tuvo éxito recetándome pastillas para perder peso; ni antidepresivos, nada de eso. Siempre que me veía en el consultorio me decía que tenía que rebajar, pero la idea de tomar pastillas me aterraba. Entre mis ataques de pánico y constante ansiedad, tenía mucho en el "plato". "No, no pastillas", le dije. (Enfermeras en E.U. pueden recetar medicamentos).

Desde que empecé a leer y empaparme sobre la dieta ketogénica (y dejaré de escribir la palabra "dieta" de ahora en adelante), una cosa me quedó clara: hay doctores que prefieren continuar promoviendo una dieta "baja en grasa" para bajar de peso, evitar enfermedades y complicaciones de salud y continuar recetando medicamentos que pueden traer consigo otros problemas. Bajo la presunción de que para mantenerse saludable se debe llevar un estilo de vida "low fat",[2] es obvio que algo no está funcionado. Por años se ha tratado de apabullar esta cultura de todo "bajo en grasa", por ojos, boca y nariz y es evidente que niños y adultos continúan aumentando de peso. Pero bien, eso es un tema que se lo dejaré a los expertos, pues no soy doctora, no soy nutricionista y mi interés no es crear más controversia. Para que puedas profundizar en este tema, te sugiero leer el libro "Keto Clarity" de Jimmy Moore con la colaboración del Dr. Eric C. Westman.

---

[2] Bajo en grasa.

Mi único propósito es compartir lo que me ha ayudado a perder casi 50 libras en menos de un año (y seguimos contando) y mi infinito "viaje" de encontrarme bajo esta piel. De igual forma, compartiré recetas, trucos y sugerencias, porque sí, hay que ponerse creativo. En la variedad está el sabor y no hay porqué sentir que no puedes comer esto o aquello. La clave está en el balance.

Hace poco me vio mi doctora (no la enfermera) y estaba impresionadísima con mi cambio. Me preguntó qué hice y quería saber más. Agradecí su genuino interés, pues como les mencioné, muchos profesionales de la salud "brincan" cuando les dices que bajaste de peso comiendo grasa. Esto quiere decir que hay esperanza. Platicamos y le mencioné que estaba escribiendo esta historia y se mostró muy interesada en adquirir este libro. Le dije lo maravilloso que era ver su entusiasmo y que muchos de sus pacientes podrían beneficiarse grandemente viviendo un estilo de vida ketogénico. (Prometí dejar una copia en su consultorio).

Viviendo este estilo de vida, no solo he perdido peso. He recuperado mi salud. Puedo manejar mis dolores mucho mejor y gozo de energía y claridad mental. Necesario para nosotras las "super mamás".

Esta publicación no tiene intención de diagnosticar o tratar ninguna enfermedad. Todo cambio de estilo de vida ya sea dieta y/o ejercicios, debe ser consultado con su médico. Al adquirir este libro usted reconoce y acepta que no soy doctora, no soy nutricionista y tampoco entrenadora física. El propósito es compartir mi "keto-historia" y servir de inspiración a todo aquel que me lea.

¡Mucho éxito y "aguacate power!"
Laura Santiago
Keto Chica®

Les pido disculpas con antelación por el uso de "spanglish". En la medida que pueda, trataré de evitar anglicismos, pero en algunos casos, será necesario.

Cree en ti. Eso te asegura la mitad del éxito. El resto es consistencia.

¿Y quién es la hija de Fina y Felo?

Foto, maquillaje y arreglo de cabello: Jaime Ferrer.
29 de julio de 2017-Como Madrina de Bodas de mi
hermana menor.

Por años he luchado contra el sobrepeso y sé que no estoy sola. Como yo, muchas de ustedes están en guerra constante con la báscula. Hacía mucho tiempo que ésta y yo no cruzábamos caminos, pues no importaba la dieta que hiciera, no se movía ni para atrás ni para adelante. Como es mi intención pasar a la parte que más te interesa, no abundaré mucho sobre todo lo que hice antes de hacer Keto, pero si te diré que lo traté todo...o casi todo para perder peso. No importaba lo que hiciera, sentía que no estaba en control, que no veía progreso y si lo había, terminaba saboteándome a mí misma. Me sentía un poco drenada, frustrada, con mucho dolor físico, la rutina en la casa, los niños, a nivel profesional y todo eso me afectó emocionalmente. ¿Y qué hacía? ¡Comer y comer! Aumenté tanto de peso que no quería salir de casa. Llegué a pesar 186 libras, con una estatura de 5 pies, 1 pulgada. No quería fotos, me escondía en cada actividad familiar y optaba solo por los consabidos "selfies"[3].

---

[3] Auto foto.

El 1ro de enero de 2017 empecé a hacer rutinas de un libro que se llama "Paleo Fitness for Dummies". Fue una forma excelente de sacarme de ese "lugar" donde me sentía estancada y empecé a consumir una dieta con los principios de Paleo, que guarda ciertas similitudes con un estilo de vida keto. Me fue muy bien y me sentía fuerte, pues las rutinas están basadas en movimientos funcionales con kettlebells. Sin embargo, la báscula no cooperaba. Leí mucho sobre Paleo y me topaba con la palabra "keto" constantemente. Decidí buscar más información y me llamó la atención que podía consumir alimentos riquísimos, parecido a la dieta de Atkins, pero con una diferencia marcada en el consumo de grasas, lo que ayudaría calmar la ansiedad de querer comer todo el tiempo y bajar de peso de forma efectiva y sin rodeos.

Tenía además una motivación adicional: mi hermana nos anunció que se casaba en verano y yo sería su madrina de bodas. Razón suficiente para ponerme las pilas y dejar las excusas a un lado. Quería lucir espectacular, tomando en cuenta que habría fotos, muchas fotos y éstas son para toda la vida. También sentí la ilusión de que mi hermana se sintiera orgullosa de mi esfuerzo y motivarla a su vez a perder peso. Busqué información y comencé a empaparme de todo lo que tuviese que ver con la palabra Keto. Empecé a seguir personas en Instagram que ya estaban practicando ese estilo de vida y veía que les iba muy bien. Si deseas seguir personas para buscar inspiración, has una búsqueda de "keto" en los "hashtags" y encontraras de todo.

También te invito a hacer tu propia búsqueda. No te conformes con lo que comparto aquí. Ciertamente no tengo la verdad absoluta y para nada me considero experta en este tema; aquí solo me limito a compartir mi historia. Keto es tan amplio y hay tanta información disponible que no hay razón para quedarse con dudas. El 1ro de febrero de 2017 empecé un estilo de vida 100% ketogénico y como dije anteriormente, no he mirado atrás. Claro que he tenido días donde me he llenado la cara con carbohidratos, pero este estilo de vida me ha enseñado balance, a ser disciplinada. De esta forma es que puedo darme uno que otro gusto sin salirme de ketosis o volver a ella inmediatamente, después de hacer algún "desarreglo." Una vez más, repite conmigo: "Se trata de balance." Es posible y totalmente alcanzable si te lo propones. Alcancé mi primera meta un mes antes de la boda de mi hermana. Mi meta era llegar a 150 libras antes del 29 de julio de 2017. Mi costurera tuvo que ajustar mi vestido 2 veces. Una vez conseguí esa meta, me dije: "ok, vamos por las 145 libras..." Ya sé cómo mi cuerpo funciona, ya sé lo que tengo que hacer." Es maravilloso llegar a ese nivel de entendimiento con tu cuerpo y por primera vez en mucho tiempo, siento que estamos en perfecta armonía.

¿"Keto / Ceto" y qué rayos es eso?

En las palabras de la hija de Fina y Felo: Un estilo de vida cetogénico/ketogénico es una forma súper efectiva de "ordenarle" a tu cuerpo a utilizar las grasas como energía. Le "enseñas" a convertirse en una máquina de quemar grasa. Esto se logra restringiendo la ingesta de carbohidratos, limitándolos a 20 gramos diarios (o menos, dependiendo de tu sensibilidad a éstos); consumiendo proteína moderada y grandes cantidades de grasa. Sí, leíste bien; GRASA. Antes de que tires el libro a un lado, permíteme explicarte.

La glucosa es la azúcar que circula en la sangre y la primera elegida por tu cuerpo para convertirla en energía. De este modo las grasas no se tocan y tu cuerpo las almacena como reserva. Cuando se digieren alimentos altos en carbohidratos, tu cuerpo usa su energía y los convierte en azúcar en la sangre (glucosa). Entre más carbohidratos consumas, más se eleva tu nivel de glucosa. Si consumes más grasas naturales y proteínas de forma moderada, mientras restringes la ingesta de carbohidratos, tu cuerpo se ve "obligado" a cambiar la forma de obtener energía. En lugar de utilizar la glucosa, usa la grasa de tu cuerpo como fuente principal de energía. Esta es la razón por la cual pierdes peso.

Beneficios de un Estilo de Vida Keto

Después de hacer mi propia búsqueda, leer y saturarme de muchísima información, estas son las razones por las cuales decidí comenzar un estilo de vida Keto/Ceto:

- Pérdida de peso
- Ayuda a controlar alta presión
- Ayuda a mejorar los niveles de colesterol
- Ayuda a estabilizar la azúcar en la sangre y tratamiento contra la diabetes.
- Ayuda a controlar el apetito
- Ayuda a prevenir el cáncer
- Mejora la piel
- Mejora la salud dental
- Ayuda al manejo de epilepsia
- Ayuda a aumentar la energía
- Ayuda a la salud emocional

Según mi "research", un estilo de vida ketogénico muestra grandes promesas para tratar:

- Alzheimer's
- Parkinson's
- Epilepsia
- Autismo
- Depresión
- Migrañas
- Cáncer

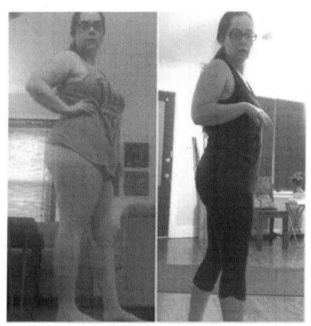

186 libras a 136 libras.

Alimentos Permitidos

Bien, ya que sabes cómo funciona este estilo de vida, la razón por la cual se pierde peso, entre otros beneficios, hablemos de los alimentos permitidos y los que no se deben mirar. Siempre recomendaré alimentos orgánicos, "grassfed" y lo menos procesados posibles; ahora, hay alimentos que consumo y son bajamente procesados o no necesariamente orgánicos. Como les mencioné anteriormente, la clave está en el BALANCE. Ojo con alimentos que tengan azúcar añadida o ingredientes que no puedas pronunciar. Otro detalle muy importante es el conteo de **carbohidratos netos**, es decir, la fibra y los "sugar alcohols" se sustraen del total de carbohidratos. Ejemplo: X alimento tiene 10g de carbs, 5g de fibra y 2g de "sugar alcohols." 10-5-2 = 3 g "net carbs". Sencillo, ¿cierto? Te prometo que aprenderás muchísimo en el camino y verás como te vuelves una experta en el tema, pero un día a la vez.

Alimentos que se permiten en un estilo de vida Keto y que trato de tener siempre accesibles:

- Aguacates
- Huevos
- Ghee (orgánico)
- Mantequilla "grassfed" (Kerrygold-KG)
- Tocineta/Bacon (sin nitratos de sodio)
- Pollo, pavo, pescado, cerdo, res (preferiblemente buenos cortes, buena calidad)
- Aceite de coco 100% puro (no refinado)
- Aceite de Oliva extra virgen

- Nueces – variedad (sin azúcar añadida)
- Mantequilla de maní (cacahuate) orgánica (sin azúcar añadida)
- Mantequilla de almendras orgánica (sin
- azúcar añadida)
- Leche de almendras (sin azúcar ni sabor añadido).
- Quesos con grasa (full fat cheese) NO "low fat" o "fat free" y preferiblemente de buena calidad.

Ghee de un supermercado local

Mantequilla Kerrygold

- Mayonesa (Preferiblemente orgánica; personalmente uso la marca genérica del supermercado Aldi.
- Chicharrones
- Caldos de hueso (bone broth) Puedes hacerlos en casa o adquirirlos ya preparados.
- Sal Marina (Sea Salt) - Prefiero la "Pink Himalayan"
- Vinagre blanco
- Vinagre de manzana
- Hierbas y especias

- ¿Vegetales? ¡Todos! Los preferidos son brócoli, coliflor, espinaca, coles de Bruselas (brussels sprouts), calabacín verde o amarillo (zucchini), repollo verde o púrpura. Algunos vegetales tienen cantidades altas de carbohidratos, como la zanahoria, pero usa tu juicio. Recuerda que para entrar y mantenerse en ketosis, debemos mantener los carbohidratos en 20 gramos o menos diarios. De igual forma, esto varía de persona a persona. Por ejemplo, yo las consumo y no he sentido que atrasen mi progreso.

Alimentos permitidos de forma controlada:

- Queso crema (cream cheese)
- Leche "Half & Half" (H&H)
- Leche "Heavy Cream" (HC)
- Leche "Heavy Whipping Cream" (HWC)
- Calabaza amarilla (butternut squash)
- Calabaza (anaranjada)
- Zanahorias
- Manzanas
- Fresas, frambuesas, moras y arándanos
- Yogures sin azúcar añadida (checa la etiqueta y cuenta carbohidratos).

Así luce mi compra semanal generalmente.

Esta es la leche y crema de coco que uso.

- Leche y crema de coco sin azúcar añadida
- Productos marca Lakanto (Amazon)
- Crema agria (Sour Cream)
- Crema batida (Whipped Cream)
- Vino tinto seco
- Licores claros - por lo general son bajos en carbohidratos (vodka, ron, tequila). Checa siempre las etiquetas en la página web para corroborar cantidad de carbohidratos por porción, pero, ten presente que el alcohol se metaboliza primero que cualquier otro macro, de modo que beber alcohol, especialmente en exceso, puede sacarte de ketosis y atrasar la pérdida de peso. Moderación es clave. Un trago o copa de vino de vez en cuando no está mal, pero ejerce control y si tienes metas, debes limitarlo.
- Alimentos sin azúcar (sugar free). Verifica siempre los carbohidratos, que

sea "sugar free" no significa que puedes abusar de éstos.

- Alcoholes de azúcar (sugar alcohols). Absolutamente NO sucralosa o aspartame. Nuevamente, lee las etiquetas, no puedo enfatizar en esto lo suficiente.

A continuación, una lista general de alimentos NO PERMITIDOS en un estilo de vida keto. Algunos serán reintroducidos poco a poco y otros, de tiempo en tiempo, pero mucha paciencia. Es posible que muchos de estos alimentos, no te apetezcan una vez adaptada en ketosis.

- Frutas (excepto las mencionadas)
- Leche regular, sin grasa, 2%, descremada.
- Pan (absolutamente ninguna clase).
- Papas y alimentos altos en almidón y

azúcares (maíz, batata, en Puerto Rico les decimos 'verduras", etc). ¡Adiós, goodbye, arriverderci!

- Pastas y arroz (Tranquila, te mostraré alternativas).

- Cereales, avena

- ¡NO a la azúcar, de modo que cero postres, pastelería, dulces, refrescos!

- Nada "low fat"

- Queso amarillo comercial

Ensalada de coliflor de Green Giant.

Este es el arroz de coliflor que uso para hacer mi "arroz frito."

Recetas "Keto"

Cabe señalar que soy una persona de gustos simples, es decir, soy muy práctica y debido a mi rutina con el trabajo, familia y hogar, planifico mi alimentación basado en cómo será mi día. Dicho esto, sepan que **no cuento** mis macros, razón por la cual las recetas que comparto en este libro no tienen macros identificados, salvo la certeza de que son recetas dentro de la filosofía "keto": altas en grasas y bajas en carbohidratos. Cuando empecé esta aventura hace casi un año, me di permiso a ser paciente y continuar con lo que me estaba funcionando y dejar ir lo que no. He probado tantas dietas y he contado tantas calorías en mi vida, que puedo deducir los macros de la mayoría de mis alimentos "a ojo", siempre manteniendo el enfoque en la cantidad de carbohidratos que consumo. Además, reconozco que no tengo paciencia ni tiempo para ello. Algo hice bien cuando perdí casi 50 libras en 9 meses. Una vez más, esto es lo que me funcionó a mí, pero entiendo que es altamente recomendable y muy beneficioso calcular y mantener "tus números", por lo que te invito a usar la calculadora de nuestros amigos en: www.ketoconnect.net. Encontrarás valiosa información, además de deliciosas recetas. Ellos fueron amables de permitirme compartir el enlace de una de las mejores recetas de pan keto en la red.

Bien, comenzaré con opciones de desayuno y te diré cómo prepararlos. Si haces ayuno intermitente, no hay problema. Consume estas opciones cuando "rompas ayuno" o cualquier hora del día.

Muchas de estas recetas son parte de mis inventos. Mi amor por la cocina se debe a mi madre, que es excelente cocinera. Otras recetas se me dieron "por accidente" y algunas otras, son inspiradas en recetas que he visto "online" y les he dado mi toque con el propósito de brindar variedad.

Si no estoy haciendo ayuno intermitente[4], uno de mis desayunos favoritos y clásicos por excelencia es huevos, tocineta (bacon) sin nitratos de sodio y aguacate. Técnicamente obtendrás resultados si los alimentos son procesados o de baja calidad, seamos honestos, pero la salud es primordial. En la medida que siempre puedas, haz la mejor selección. Un desayuno como este satisface y puedes consumirlo en las mañanas como en la tarde.

Empecemos por mi **Bulletproof Coffee (BPC):**

- 4-6 oz de café (preferiblemente orgánico)
- ½ cucharada de aceite de coco 100% puro
- ½ cucharada mantequilla Kerrygold
- 1-2 cucharadas de half & half (H&H)
- Canela a gusto (opcional)

---

[4] El ayuno intermitente es un *patrón alimentario. En términos más simples: Es decidir conscientemente saltarse ciertas comidas.* Ayunar por un tiempo específico, por lo general de 12 a 16 horas y después comer deliberadamente fuera de ese tiempo. − (Para más información visita: www.mercola.com - en español).

Agrega todos los ingredientes al café y con una mezcladora de mano, preferiblemente, mezcla bien para que quede "liviano" y espumoso. Tome sin complejos. Sabe divino y satisface. Mi BPC ha sido mi salvación todas las mañanas, antes de ir a trabajar. Recientemente introduje MCT Oils (Medium Chain Triglycerides) en mi alimentación, de modo que ya les dejaré saber a través de mis páginas mi opinión sobre ello.

Es importante señalar que yo practico una variación al ayuno intermitente. Tomo mi BPC en las mañanas y no consumo nada más, excepto café, agua o te, hasta las 3:00 p.m. Técnicamente rompes ayuno con el BPC, sin embargo, puedo dar fe, que me ha funcionado y he sentido todos los beneficios de hacer ayuno: agilidad y claridad mental, mucha energía y por supuesto, pérdida de peso.

Otra versión de BPC que he preparado es con leche de almendras en lugar de Half & Half y la marca "Power Creamer", en vez de mantequilla Kerry Gold y Aceite de Coco. Prefiero mi BPC, pero de vez en cuando, me gusta variar.

También le debo a mi madre (como muchas otras cosas) mi obsesión con el jengibre. Mami siempre ha sabido como hacerme sentir mejor con una taza caliente de jengibre con leche y canela. Pero ahora como "Keto Chica", no tomo leche regular, por lo que se me ocurrió buscar alternativas para continuar tomando este manjar que me ayuda a tratar la inflamación, acidez, bajar mis niveles de ansiedad y descansar mejor. Demás está decir las grandes propiedades del jengibre, así que te invito a preparar este té. Es el protagonista de mi plan de 21 días, el cual verás más adelante. Un truco que sugirió mi madre recientemente es agregarle mantequilla. Así que ya sabes, que también tienes otra opción de "Bulletproof" – Bulletproof Ginger Tea.

Mi "Sweet & Spicy Ginger Tea"

- 1-2 oz de jengibre fresco
- 2 tazas de agua
- 1/3 a ½ taza de Half & Half, leche o crema de coco (sin azúcar añadida). Yo uso la mostrada en la foto y pueden diluir en agua a gusto.
- Pizca de canela
- 1 cucharada de Monfruit, Erythol o Stevia (Me encanta la Monkfruit de Lakanto)
- Un mezclador de mano de baterias (opcional) El mostrado lo conseguí a través de Amazon.
- Mantequilla Kerrygold (opcional si vas a hacerlo versión bulletproof).

Hierve las 2 tazas de agua. Una vez que empiece a hervir, agrega los pedazos de jengibre y deja calentar a fuego mediano/bajo por unos 12-15 minutos.

Personalmente me gusta picante, si deseas hervir por menos tiempo, está bien. En una taza vierte el 1/3 a ½ taza de la leche que usarás y el resto del agua del jengibre para completar una taza, quizás un poco menos, un poco más. Puedes guardar el jengibre hervido para usarlo nuevamente el próximo día, como también, puedes preparar más cantidad para el resto de la semana. Agrega la canela y azúcar y mezcla con una cuchara o usa el mezclador de mano. Me gusta usar el mezclador porque queda espumoso, pero es completamente opcional.

Keto Clásico[5]

- 2-3 huevos (preparados en tu forma favorita). Si son "fritos", recuerda hacerlo con una cucharada de Ghee, mantequilla Kerrygold o con grasa de la tocineta).
- 2 tiras de tocineta o salchichas bajamente procesadas.
- ¼ pedazo de aguacate (si es un aguacate pequeño, puede ser la mitad – ½).
- Queso suizo (mi favorito)

Prepara los huevos a tu gusto. Si usarás la grasa de la tocineta para freír los huevos, prepara la tocineta primero. Sí, es perfectamente aceptable consumir estas grasas en un estilo de vida keto. Te lo prometo. Sirve según las medidas mencionadas arriba y listo.

---

[5] Todas las recetas con huevo pueden ser preparadas como gustes: huevos fritos, en tortilla o revoltillo.

Tortilla a la Mexicana

- 2-3 huevos
- Queso Monterey (1-2 rodajas o 2 oz. rallado)
- 2-3 pimientos pequeños (verdes o de colores)
- Setas (opcional)
- Una pizca de Sea Salt
- 2 cucharadas de Heavy Cream
- 1 cucharada de Ghee o Kerrygold

Corta los pimientos y las setas en pedazos pequeños. Precalienta un sartén (que no pegue) con una cucharada de Ghee o Kerrygold. Rompe los huevos en un recipiente separado y mézclalos enteros con la heavy cream. Agrega la pizca de sea salt. Primero sofríe por un minuto los pimientos y setas. Luego vierte la mezcla de huevos y baja el fuego bajo/mediano. Si puedes, voltea la tortilla una vez firme. Tienes también la opción de tapar el sartén a fuego bajo y dejar que se cocine sin necesidad de voltearla. Antes de sacar del sartén agregue el queso y doble la tortilla por la mitad. Puedes acompañarlos con 2 oz de fresas o "berries" favoritas.

Tortilla Griega

- 2-3 huevos
- 2 cucharadas de heavy cream
- 1/3 taza queso Feta
- 1 taza de espinacas
- 4 aceitunas negras (opcional)
- 2-3 mini pimientos de colores (opcional)
- ¼ de cebolla roja

Corta la cebolla y los pimientos en pedazos pequeños. Precalienta el sartén (que no pegue) con una cucharada de Ghee o Kerrygold. Rompe los huevos en un recipiente separado y mézclalos enteros con heavy cream. Sofríe primero los pimientos y la cebolla por un minuto y luego vierte la mezcla de huevos y ponga a fuego bajo. Una vez la tortilla esté semiseca, agregue la espinaca y el queso feta. Cubra el sartén por unos minutos hasta que la tortilla esté lista. Puede servir completa (deslizando tortilla en un plato) o doblarla por la mitad mientras la cocina.

Tortilla de Verano

- 2-3 huevos
- 5-10 mini salchichas orgánicas de pollo, pavo o cerdo (sin nitratos de sodio).
- 1 rodaja de queso suizo o provolone (puede ser rallado)
- 1 taza de espinacas o Spring Mix

Corta las salchichas en pequeñas rodajas, si lo desea. Rompe los huevos en un recipiente separado y precaliente el sartén con una cucharada de Ghee. Mezcle los huevos con una pizca de Sea Salt. Agregue las salchichas al sartén y sofríe por un minuto a fuego bajo. Agregue la mezcla de huevos y en 30 segundos agregue la rodaja de queso y las espinacas u hojas verdes (spring mix). Deje cocinar a fuego bajo, puede cubrir si lo desea. Sirva directo al plato o doble a la mitad mientras se cocina.

Tortilla Cups

- 6-12 huevos
- 4 mini pimientos de colores o 1 verde pequeño
- 6 setas pequeñas
- 1 tomate entero
- 6-12 rodajas de jamón (cualquiera de preferencia)
- Queso rallado (cualquiera de preferencia)

Precalienta el horno en 350 grados. Bate 6 huevos (pueden ser 12 y guardar en la nevera el resto), corta los pimientos, tomate y las setas en pedazos pequeños. Acomoda las rodajas de jamón en cada molde, empujando hacia adentro (si las rodajas son muy grandes o anchas, córtalas a la mitad). Agrega en partes iguales los vegetales cortados y luego vierte la mezcla de huevos en cada molde y un poco de queso rallado en el tope. Hornea por 15-20 minutos (verifica que no se queme). Deja enfriar unos 3-5 minutos. Precaución al sacar los "cups" de cada molde. Sirve con aguacate. Guarda el resto en la nevera. Puedes recalentar en el microondas, pero ojo, solo de 15 a 20 segundos y procura poner una servilleta encima. No queremos que los "cups" "exploten" y te quemes.

 keto__chica   •••

39

Egg Bun Avocado Sandwich

- Molde Stone Wave (Busca en Amazon)
- 3 huevos
- 1-2 rodajas jamón de preferencia
- 1-2 rodajas de queso de preferencia
- ¼ rodaja de aguacate
- ½ cucharadita de Kerrygold
- Sea salt
- Spray PAM

Rocía spray PAM en el fondo del Stone Wave. Bate los huevos con una pizca de Sea Salt. Vierte la mezcla en el molde y coloca la tapa. Calienta en el microondas por 2 minutos (depende del horno, así que solo asegúrate que esté cocido al momento de consumir). Una vez listo, espera unos minutos que se enfríe y luego con la ayuda de una espátula pequeña, retira el "egg bun." Estará aún caliente. Con cuidado, corta a la mitad, tipo "pan redondo" y unta la mantequilla a ambas rodajas. Prepara como si fuera un bocadillo con el jamón, queso aguacate o como gustes.

Así queda el pan de huevo en el Stone Wave

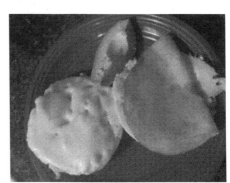

Prepara a tu gusto.

¡Delicioso!

Deviled Eggs

- 3 huevos hervidos
- ½ aguacate
- 2 cucharadas de mostaza
- Una pizca de Sea Salt
- Una pizca de Paprika

Prepara una olla con agua y ponla a hervir a fuego mediano. Una vez hervida, baja el fuego y coloca los huevos en el agua, uno a la vez. 8 a 10 minutos son suficientes para una consistencia perfecta. Saca los huevos, remueve la cáscara. Corta los huevos a la mitad. Con una cuchara, separa las yemas en un recipiente y mezcla con la mostaza y las pizcas de sea salt y paprika. Se formará una deliciosa crema. Acomoda la crema dentro de las claras. Corta el aguacate en pedazos pequeños y adorna en el tope.

keto_chica   ...

Keto Grilled Cheese

- Mis amigos de www.ketoconnect.net, me permitieron compartir esta deliciosa receta de "pan" y puedes conseguirla aquí: **https://www.ketoconnect.net/recipe/best-keto-bread**

keto__chica ...

- 2 rodajas del "Keto Bread"
- Queso de preferencia (me encanta el suizo)
- 1 cucharada de Kerrygold

Unta la mantequilla a las 2 rodajas de pan y el queso, luego colócalos en el horno tostadora por un minuto a minuto y medio. Retira y listo.

keto__chica

Ejemplo de uno de mis platos "clásicos": Huevos revueltos con espinacas y queso parmesano con "bacon" de pavo sin nitratos de sodio y media rebanada de pan de "arroz" (pan de arroz recomendado solo en mantenimiento).

Coconut Keto Flakes

- 1/3 copos de coco ("coconut flakes")
- ½ taza de half & half (puedes diluir en un poco de agua, si gustas)
- Pizca de canela
- 1 sobre de Stevia o cda. de Erythol

Prepara todo como si fuera un cereal frío. Puedes prepararlo de igual manera, pero con chicharrones. Sí, chicharrones. Se adaptan a cualquier sabor.

keto__chica

Crepas de Huevo y Queso Crema

- 2-3 huevos
- 1/3 taza queso crema (prefiero "spread")
- ¼ taza de Heavy Whipping Cream
- Canela a gusto
- Pizca de Sea Salt
- ½ cucharadita de Ghee o PAM
- 2-3 fresas frescas cortadas en rodajas

Mezcle todos los ingredientes con una batidora de mano. Asegúrese de que el queso crema esté a temperatura ambiente para que mezcle mejor. Precaliente el sartén a fuego mediano/bajo y agrega el Ghee o PAM. Una vez caliente el sartén, agrega la mezcla con un cucharón de sopa y vierte con cuidado. Deja cocinar hasta que se forme una capa liviana y luego voltee la crepa para que se cocine bien. No la deje al fuego por mucho tiempo. Coloque la crepa en un plato grande y sirva con una cucharadita de queso crema en el centro y las fresas y doble a la mitad. Si lo prefiere, las puede enrollar. Repita el proceso con la mezcla restante y listo.

keto__chica

Pan de 90 Segundos

- 3 cucharadas de harina de almendras o coco
- ¼ cucharadita de Polvo de hornear (Baking poder)
- 1 huevo
- 2 cucharadas mantequilla Kerrygold
- Pizca de Sea Salt (puedes sazonar a gusto con hierbas y especias).
- Stone Wave o molde con tapa y seguro para el microondas

Mezcla todos los ingredientes en el molde y cubre con una servilleta. Calienta en el microondas por 90 segundos (1 minuto y medio). Mucha precaución al preparar. (La Stone Wave trae una tapa, de modo que no es necesario cubrir con servilleta). Deja enfriar por unos minutos y corta el pan por la mitad. Coloca en un tostador por 30 segundos a 1 minuto. Prepara a gusto.

Pan de 90 segundos preparado en la Stone Wave.

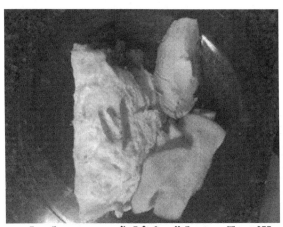

Ejemplo desayuno "clásico" keto: Tortilla de 2-3 juevos, ¼ pedazo de aguacate y 2 rodajas de jamón.

keto_chica

Egg Pizza

- 2-3 huevos
- Mini-chorizos regulares o pavo
- Queso preferido rallado
- ½ cucharadita de Ghee
- Pizca de Sea Salt

Precalienta el sartén con ½ cucharadita de Ghee. Prepara los huevos como si fueras a hacer una tortilla y agrega la Sea Salt. Vierte en el sartén y deja a fuego bajo hasta que veas que está secando y agrega los chorizos en el tope, como si fuera una pizza. Agrega el queso rallado y cubre hasta que se cocine. Ojo que no se queme y déjala a fuego bajo por unos minutos. Si deseas voltearla antes de agregarle los chorizos y el queso, puedes hacerlo, pero los chorizos quizás no se "peguen". Es opcional.

Panqueques de Huevos y Mayonesa

- 3 huevos
- 2 cucharadas de mayonesa
- ½ cucharadita de Ghee
- Pizca de Sea Salt
- Pizca de canela (opcional)
- Pizca de nuez moscada (opcional)

Precalienta el sartén a fuego bajo con la ½ cucharadita de Ghee. Mezcla bien todos los ingredientes con una batidora de mano y vierte en el sartén, igual como se preparan los panqueques regulares. Cocina por ambos lados, volteando con cuidado. Sirve con tocineta y fresas (opcional).

Avena "Cremita" a la Keto Chica

- 2 ½ cucharadas de mantequilla Kerrygold
- 1 cucharada de mantequilla de queso crema (spread), pero puedes usar la regular a temperatura ambiente.
- ½ taza de Half & Half
- 1/3 taza de chicharrón triturado
- Pizca de canela
- Pizca de Sea Salt
- ¼ cucharadita de vainilla
- 1 sobre o cucharada de Stevia

En una olla pequeña, agrega todos los ingredientes (excepto el chicharrón) y hierve a fuego bajo. Una vez la leche empiece a hervir, agrega los chicharrones y mezcla con una cuchara por unos 30 segundos. Retira del fuego y sirve inmediatamente.

El protagonista de este plato es la ricota y la encuentras en el libro "The Wicked Good" de Amanda C. Hughes. ¡Súper rica! ¡Dale un vistazo! Desafortunadamente no logré obtener una autorización a tiempo para compartir la receta, pero es un plato divino y uno de mis favoritos en invierno. Quiero que estés consciente de que tienes muchísimas alternativas.

Mi Keto Ensalada de Col (Coleslaw)

- ½ repollo mediano púrpura (puede comprar también el repollo y la zanahoria que viene preparada para este propósito).
- 1-2 "sticks" de zanahoria
- 2-3 cucharadas de mayonesa regular
- 1-2 cucharadas de vinagre blanco
- 1 cucharada de aceite de oliva
- 1 sobre o cucharada de Stevia/Erythol
- 1 pizca de Sea Salt

Mezcle bien todos los ingredientes y sirva. Guarde el resto en la nevera.

keto_chica   ...

Ensalada de huevo

- 3-4 huevos hervidos
- 2-3 oz de queso crema o 3 cucharadas de mayonesa
- ¼ taza de "Bacon bits" o 1 lasca de jamón de preferencia (cortado en pedazos pequeños).
- Hojas de perejil o cilantrillo

Mezcla todos los ingredientes y listo. Puedes prepararla con queso crema o mayonesa (no con las dos). Los "bacon bits" o jamón son opcionales. Agrega el perejil o cilantrillo para darle un toque de sabor.

 keto_chica

"Wraps" de Pollo en Lechuga Romana

- 1-2 libras de pechuga de pollo (o pollo deshuesado)
- Queso rallado preferido
- Cherry tomatoes cortados en pedazos pequeños
- 1 cucharada de crema agria (por "wrap" de lechuga)

(Puedes agregar ingredientes adicionales si deseas, especialmente más vegetales y grasas naturales).

Sazona el pollo a gusto y cocínalo con una cucharada de Ghee a fuego mediano/bajo, cubriéndolo con una tapa. Una vez cocido, sirva en una hoja de lechuga romana y agrega la cucharada de crema agria, tomates, el queso y listo. Prepare 2 y guarde el resto para más tarde o el próximo día.

Sopa de Butternut Squash (calabaza amarilla)

- 1 calabaza amarilla mediana/grande
- 4 tazas de Caldo de Res*
- ½ taza de Heavy Whipping Cream
- ½ cucharadita de Sea Salt
- Aceite de oliva 100%
- Pedazo pequeño de Jengibre (opcional)
- ½ cucharadita de Turmero en polvo (opcional)
- Mezcladora de mano (hand mixer)

Remueve la cáscara de la calabaza y corta en pedazos (remueve las semillas de la parte superior). Coloca los pedazos en una olla mediana y vierte un poco de aceite de oliva. Cocina a fuego bajo por 5 minutos. (Este proceso se le conoce como "ponerlas a sudar"). Luego agrega el caldo de res y si lo deseas, agrega el pedazo de jengibre, bien machacado. Deja hervir por unos 30 minutos a fuego mediano/bajo. Una vez cocida, agrega la sea salt y la HWC. Baja el fuego y remueve el pedazo de jengibre. Toma la mezcladora y con mucha precaución, mezcla el contenido en la olla hasta que se vuelva cremoso. Vierte más HWC si deseas la crema más espesa.

*Puedes hacer esta sopa con caldo de pollo o vegetales, en vez de res.

Sopa de Butternut Squash

Keto Sopa de Brécol
- 2 tazas de brécol fresco
- 1 ½ taza de agua
- 1 taza caldo de pollo o vegetales
- 1 bloque entero de queso crema (temperatura ambiente)
- 1 ¼ tazas de queso cheddar rallado
- 1 taza de Half &Half
- ¾ taza de Heavy Whipping Cream
- 1 pizca de Sea Salt (opcional)
- Bacon bits (opcional)

En una olla ponga a hervir el brécol con el agua. Agregue el caldo de pollo o vegetales. Luego el queso crema, queso rallado, half & half y vaya mezclando poco a poco. Deje hervir por unos 10 minutos a fuego mediano/bajo. Luego agregue Heavy Whipping Cream y la pizca de sea salt. Retire del fuego y con una mezcladora de mano, mezcle para crear una textura cremosa y sirva con bacon bits. Guarde el resto en la nevera.

Keto Dip de Cerdo

keto_chica   ...

- 1 libra de cerdo sazonada a gusto y cocida en casa. (También puede adquirir "pulled pork" o "pork roast" de una marca confiable, ya preparada para calentar en casa. No salsas ni azúcar añadida.
- 2 tazas de queso mejicano rallado
- ½ taza de aceitunas negras (pitted olives) picaditas en rodajas
- 1 taza de crema agria (sour cream)
- 1 taza Chicharrones o chips de queso (ver receta de chips de queso por separado).

Precaliente el horno en 350 grados. Use un molde de pan (o molde parecido) y en el fondo rocíe un poco de PAM. Acomode una capa de carne de cerdo (ya cocida) y luego agregue 1 taza de queso primero, luego las aceitunas. Cubre con una capa de crema agria y agregue el resto del queso en el tope. Hornea de 25-30 minutos (verifique periódicamente ya que las temperaturas varían). Con mucha precaución, retire y deja enfriar por unos minutos. Sirva con chicharrones o chips de queso.

Keto Pizza (Fat Head Pizza)

- 3-4 rodajas de queso mozarela o monterrey (puede ser suizo también y combinar como gustes, ¡es tu pizza!)
- 1/3 taza de setas cortadas
- 1/3 taza de pimientos de colores cortados en pedazos pequeños
- ¼ pedazo de aguacate
- 1/3 Queso rallado (preferido)
- ½ taza de pollo cocido y cortado en trozos pequeños (opcional)
- ¼ taza de salsa marinara o Alfredo sin azúcar añadida (opcional)

Precalienta el horno en 350 grados. Rocía un poco de spray PAM en una bandeja de hornear pizza o galletas y acomoda las rodajas de queso como gustes. Agrega la salsa en el tope, las setas, pimientos, pollo y queso rallado. Hornea por 15 minutos o hasta que se doren los bordes y parte del centro.

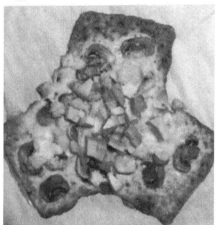

Remueve del horno y deja reposar por unos 5 minutos. En este tiempo la pizza se "tostará" y tendrá consistencia, lo que te permitirá cortarla sin problemas. Personalmente me la como toda, pero si te sientas satisfecha, puedes guardar el resto en la nevera y comer al próximo día. Solo unos 30 segundos en un horno tostadora y listo.

Otra opción es hacerla al sartén. Mismo procedimiento, menos tiempo. "Vacía" el exceso de queso para permitir que la pizza se tueste.

¡En un estilo de vida ketogénico, la "Fat Head Pizza" es "vida"!

Opciones con Plantillas "low carb"

Pizza

keto__chica

Esta "pizza" en plantilla baja en carbohidratos, puede ser preparada igual que la Fat Head Pizza, excepto que no se utilizará queso en rodajas como base. La base es la plantilla. Varía la receta agregando pepperoni, chorizo y otros vegetales cortados en pedazos pequeños. ¡Ponte creativa!

"Wrap" de pollo, pavo o atún en plantilla "low carb"

Cocina la carne que utilizarás a tu gusto y prepara el "wrap" con aguacate, crema agria, lechuga y tomate. Agrega queso y tus vegetales favoritos.

"Wrap" de pollo

"Wrap" de huevos revueltos y queso cheddar, excelente opción para cualquier hora del día.

Este es mi "flat bread" que puede ser usado de muchas maneras. A continuación, la receta:

Keto Flat Bread
- 1 taza de queso mozarela
- ½ bloque de queso crema
- 1/3 taza de queso parmesano (rallado o en polvo)
- 1 huevo
- 1/3 taza de harina de almendras
- ¼ cucharadita de Sea Salt
- Hierbas frescas o secas (a gusto)
- Papel pergamino (parchment paper)
- Bandeja de hornear galletas o pizza

¡A mi hijo mayor le encantan mis panecillos!

Precalienta el horno en 400 grados. En un envase seguro para el horno microondas, agrega el queso mozarela y el queso crema y derrite por 1 minuto. En un envase separado mezcla los demás ingredientes; se formará una masa. Luego une los quesos derretidos a la masa y mezcla bien. Vierte encima del papel pergamino (que debe estar colocado encima de la bandeja de hornear) y "aplasta" con una cuchara de madera hasta que se vea "flat". Coloca en el horno por 12 minutos y sirve como gustes.

Tienes la opción de agregar a la "masa" ½ taza de chicharrón triturado para dar más volumen y sabor.

Hacer el flat bread con chicharrones es opcional.

Puedes servir este pan como gustes.

Sándwich de Jamón, queso y mantequilla en "flat bread" (grilled cheese).

**Sándwich "cubano" en "flat bread"
acompañado de aguacate.**

**Puedes cortar tu pan como gustes. Aquí se
muestra en forma redonda, ideal para
hamburguesas y sándwiches.**

Córtalos en tiras y acompaña con salsa marinara sin azúcar añadida.

Sándwich de jalea y mantequilla de maní (PB&J)

Keto Bagels

- ½ bloque de queso crema (4 oz)
- 1 taza de queso mozarela rallado
- ½ taza de harina de almendras
- ½ taza de harina de coco
- 1 huevo
- Pizca de Sea Salt
- ¼ cucharadita de Polvo de hornear
- Orégano (opcional)
- Polvo de ajo (opcional)

Precaliente el horno en 350 grados. En un plato seguro para el microondas, derrite el queso crema con el queso mozarela. En otro envase, combine primero los ingredientes "secos": harinas, Sea Salt, polvo de hornear y especias (opcional). Mezcle bien y luego agregue el huevo y mezcle nuevamente. Por último, agregue la masa derretida de queso crema y mozarela al resto de los ingredientes y mezcle bien, creando una masa como se ilustra arriba.

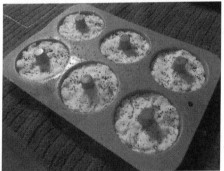

Acomode la masa en un molde de "bagels" y hornea por 20 minutos. Deje reposar por unos minutos antes de remover de los moldes.

Los keto bagels son muy versátiles y satisfacen grandemente. Puedes prepararlos de diversas maneras.

"Bowl" de Carne Molida de Pavo

- 1 libra de carne molida de pavo
- ½ taza de repollo (púrpura o verde)
- ½ taza pimientos de colores (cortados)
- 1 cucharada de Ghee
- ½ cebolla roja cortada en rodajas
- ½ taza de queso crema
- Sea Salt
- Perejil (opcional)

Cocine la carne molida como generalmente lo hace. Yo la preparo en una olla mediana con el ghee y la voy adobando con la sea salt mientras se cocina a fuego bajo, moviéndola con una espátula de madera. Luego voy agregando el resto de los ingredientes, mezclando bien; cubro con una tapa y lo dejo a fuego mediano por unos 20-25 minutos. Puedes servir en un "bowl" acompañado de aguacate o en una plantilla "low carb".

keto_chica   •••

No Sauce-Butternut Squash Pasta (con carne molida de pavo)

- 1 libra de carne molida de pavo
- 1 taza de butternut squash en espiral (puedes hacerlos en casa con la "spiral machine" o adquirirlos de ese modo en el supermercado).
- ½ cucharada de Ghee
- ½ taza de queso crema
- ¼ cucharadita Sea Salt
- Orégano fresco o en adobo (a gusto)
- Queso parmesano rallado o "shaved"
- 3 mini-pimientos de colores
- ½ taza de setas cortadas (opcional)

Cocine la carne molida como generalmente lo hace. Igual a la receta de carne molida de pavo, descrita anteriormente, yo la preparo en una olla mediana con Ghee y la voy adobando con Sea Salt mientras se cocina a fuego bajo, moviéndola con una espátula de madera. Luego voy agregando el resto de los ingredientes (pimientos, setas, orégano), mezclando bien; cubro con una tapa y lo dejo a fuego mediano por unos 20-25 minutos.

Una vez lista, separo la olla del fuego y en un sartén sofrío el butternut squash con ½ cucharadita de Ghee por unos 3 minutos. Luego agrego la carne molida al sartén y el queso crema (puedes optar por agregar menos cantidad de carne y guardar el resto para consumir en un wrap, etc.). Sirve con queso parmesano rallado y listo. Un sustito de queso crema, puede ser ricota y mostraré un ejemplo en la siguiente receta.

Cream Cheese-Ricotta Pasta

- 12 oz de "pasta" de butternut squash o zucchini
- 1 cucharada de Ghee o mantequilla Kerrygold
- 4 oz de queso crema (medio bloque)
- 1 cucharada de queso ricota
- 1/4 de cebolla roja pequeña, cortada en rodajas
- 1 libra de carne molida de pavo (o carne de res) previamente cocida.
- Queso parmesano gratinado o rallado

Derrite en un sartén el Ghee a fuego mediano/bajo y agrega todos los ingredientes. Si no has preparado la carne molida de pavo, puedes prepararla primero (según receta previamente compartida) y una vez cocida, agrega el resto de los ingredientes y sofríe por unos 2-3 minutos. Acompaña con un pedazo de aguacate y/o ensalada verde.

Si sobra carne molida, guarda el resto para preparar un "wrap" el próximo día.

Espagueti Squash a la Alfredo

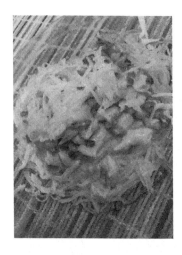

Mi mamá es una experta preparando esta receta. No soy muy fan del espagueti squash, sin embargo, me encanta como ella lo prepara. Aquí va:

- Espagueti Squash mediano (calabaza amarilla)
- 2 cucharadas de mantequilla KG
- ½ libra de pollo deshuesado
- ½ cucharada de Ghee
- 1/3 taza de setas cortadas (opcional)
- 3-4 Mini pimientos de colores
- ¼ taza de salsa Alfredo sin azúcar añadida
- Sea Salt
- Pimienta
- Spray PAM
- Queso parmesano rallado o "shaved"

Precalienta el horno en 350 grados. Corta el espagueti squash (calabaza amarilla) por la mitad. Derrite la mantequilla Kerrygold por 15 segundos en el horno microondas y agrega una pizca de sal y pizca de pimienta. Con una brocha de cocina, pasa la mezcla de mantequilla en ambos pedazos, dentro y fuera, incluyendo los bordes. Rocía PAM a la bandeja de hornear y coloca los pedazos "boca abajo" por 30 minutos (algunos tiempos pueden variar). La calabaza estará lista cuando se sienta blanda, pero con consistencia. Prepare el pollo con un poco de Sea Salt y pimienta y con la mantequilla Ghee. Tape y deje cocinar a fuego mediano/bajo. Una vez cocido, agregue las setas, pimientos y salsa Alfredo. Tape nuevamente y deje a fuego bajo.

Verifique si el espagueti squash está listo. Saque la bandeja con cuidado y con un tenedor "raspe" dentro de los pedazos para obtener la "pasta" y sirva. Vierte el pollo encima de la "pasta" y acompaña con un pedazo de aguacate.

Zucchini Ricotta Dream

- 2 tazas de "zucchini noodles" (calabacín verde)
- 2 cucharadas de queso ricota
- 2 cucharadas de HWC
- 1 diente de ajo machacado
- 1/4 de cebolla roja
- 5-6 albóndigas de res (cocidas)
- 1 pizca de Sea Salt
- Hiervas frescas o secas (Italian seasoning)

Sofríe en un sartén 1/2 cucharada de Ghee y el diente de ajo machacado por 30 segundos. Agrega la ricota, HWC y albóndigas (ya cocinadas o calientes si son congeladas) por 2 minutos a fuego bajo. Agrega los "zucchini noodles" y sofríe todo por 1-2 minutos y listo.

Sirve con 1/4 pedazo de aguacate y algunas rodajas de tomate. Puedes rallar un poco de queso parmesano y agregar más adobo italiano.

Mini Pizzas de Zucchini (calabacín verde)

- 1 calabacín verde mediano
- ½ taza de queso mozarela rallado
- 1 paquete de chorizos pre-cortados
- 1 taza de salsa marinara (sin azúcar añadida)
- Aceitunas negras cortadas en rodajas (opcional)
- Adobo Italiano (opcional)

Precalienta el horno en 350 grados. Utiliza una bandeja de hornear pizza o galletas y rocía un poco de spray PAM. Corta el calabacín en rodajas y coloca los pedazos en la bandeja. Agrega ½ cucharadita de la salsa marinara en el tope de cada rodaja, seguido de los chorizos, mozarela y aceitunas. Añade una pizca de adobo italiano y hornea por 10 minutos. Esta receta es excelente merienda o almuerzo liviano.

Arroz Frito ("Chino") de coliflor

- 1 taza de arroz de coliflor (yo utilizo la marca Green Giant regular o con vegetales mixtos.
- ½ taza de jamón cocido cortados en cubitos.
- ¼ taza de soya regular y de buena calidad
- 2 huevos revueltos (preparados previamente)
- 1 cucharada de Ghee

Calienta el sartén a fuego mediano con la cucharada de Ghee. Agrega la taza de coliflor y mezcla con una cuchara grande, preferiblemente de madera. Agrega el jamón, los huevos y la salsa de soya. Saltea a fuego bajo por unos minutos y retira del fuego. Sirve con aguacate y/o ensalada verde. También puedes preparar cualquier tipo de carne por separado para acompañar. Recuerda contar tus macros.

Arroz Frito de Coliflor a la Mantequilla

Este arroz se prepara igual que la receta anterior, excepto que en vez de utilizar salsa soya, usamos Ghee o mantequilla Kerrygold.

- 1 taza de arroz de coliflor (puedes utilizar la marca Green Giant o prepararlo en casa).
- ½ taza de chorizos de pavo
- ½ taza de repollo púrpura
- 1/3 taza de calabacín verde cortado en rodajas o cuadritos.
- 1 cucharada de Ghee
- 2 huevos revueltos (previamente preparados, opcional)

El procedimiento es igual a la receta anterior: Calienta el sartén a fuego mediano con la cucharada de Ghee. Agrega la taza de coliflor y mezcla con una cuchara grande, preferiblemente de madera. Agrega los chorizos, luego el repollo y calabacines. Agrega los huevos revueltos (opcional). Saltea a fuego bajo por unos minutos y retira del fuego. Sirve con aguacate. Si deseas preparar carne por separado, puedes hacerlo.

Cazuela de Pizza

*Para esta receta utilizo un sartén de hierro, pero puedes utilizar cualquier sartén de buena calidad.

- ½ cucharadita de mantequilla Kerry Gold
- 4 rodajas de queso suizo
- 1/3 taza de salsa de pasta italiana sin azúcar añadida
- ¾ taza de pollo (cocinado previamente) opcional
- 1/3 taza de queso rallado preferido
- Sazonador Italiano a gusto

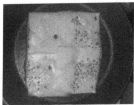

Calienta el sartén con la mantequilla y coloca las rodajas de queso como se muestra en la foto.

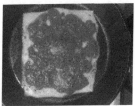

Agrega la salsa.

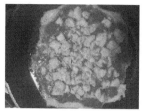
Agrega el pollo cocido.

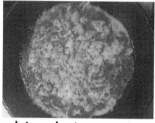
Luego el queso rallado y deja calentar por 5 a 8 minutos.

Sirve y listo. Esta no quedará como la "fat head pizza", será cremosa y divina.

Nuestro amigo Alex Lester de CastIronKeto.net, fue muy amable de permitirme compartir el enlace de esta deliciosa receta de panecillos: www.castironketo.net/blog/keto-dinner-rolls

Una vez horneados los panecillos, procede a preparar los bocadillos.

Mini-bocadillos de pollo a la BBQ ("BBQ Chicken Sliders")

- 12 panecillos horneados según receta de Castironketo.net
- 1 libra de pollo deshuesado
- ½ cucharada de Ghee
- Salsa BBQ sin azúcar añadida
- ½ cebolla púrpura cortada en pedazos pequeños
- 6 rodajas de queso Monterey
- Perejil fresco finamente picado
- 2 cucharadas de mantequilla Kerrygold (derretidas)

Prepara el pollo como usualmente lo haces. Yo lo sazono con un poco de Sea Salt y hierbas secas. Coloco en un sartén con Ghee a temperatura mediana/baja y cubro con una tapa hasta que esté cocido.

Precalienta el horno en 400 grados. En un plato de hornear (yo uso una bandeja ancha y cómoda de cerámica), coloca la parte inferior de los panecillos en fila, 6 arriba, 6 abajo. Agrega el pollo (cocido) distribuyendo en cantidades iguales y luego añade la salsa BBQ. Continúa con la cebolla picada, los quesos (3 rodajas arriba, 3 abajo) y por último el perejil. Coloca la otra mitad de los panecillos encima y con una brocha de cocina pasa la mantequilla derretida en el tope de los bocadillos.

Coloca en el horno por 15-20 minutos. Precaución al retirar.

Bocadillos Cubanos (Cubano Sliders)

- 12 panecillos horneados según receta de Castironketo.net
- ½ libra de jamón "Black Forrest" (6 rodajas)
- 6 rodajas de queso suizo
- 1 cucharada de "Poppy Seeds"
- 12-24 pepinillos (pickles redondos)
- 3 cucharadas de mayonesa
- Mostaza (a gusto)
- 2 cucharadas mantequilla Kerrygold

Precalienta el horno en 400 grados. En un plato de hornear (igual a la receta anterior), coloca la mitad de los panecillos en fila, 6 arriba, 6 abajo. Unta la mayonesa primero. Luego coloca las lascas de jamón y quesos (3 arriba, 3 abajo), seguido de la mostaza y "pickles". Coloca las "tapas" (parte superior de los panecillos) y pasa mantequilla derretida con una brocha de cocina. Distribuye las "poppy sedes" en el tope (opcional)

Coloca en el horno de 15 a 20 minutos. Precaución al retirar.

Cazuela / Lasaña de Albóndigas

- 20 albóndigas cocidas (yo las compro cocidas y congeladas)
- ½ taza salsa marinara sin azúcar añadida
- 4-6 rodajas de queso suizo
- ½ taza de queso rallado mixto
- Sazonador italiano/hierbas secas

Precaliente el horno en 375 grados. Utilice un plato de hornear de cristal y rocíe con PAM. Coloca las albóndigas en varias filas, como se muestra en la foto y luego agrega la salsa marinara. Procede a colocar los quesos, primero el suizo y luego el rallado.

Sazona a gusto con adobo italiano o preferido y coloque en el horno por 25 minutos. Sirva con aguacate y ensalada verde.

Cazuela/ Lasaña de Albóndigas

Lasaña de Col de Bruselas y Tocineta

- 10 oz. de Baby Brussels Sprouts (uso la ilustrada marca Green Giant).
- 6-8 lascas de tocineta cortadas a la mitad (12-14 lascas en total)
- 1 taza de queso mixto rallado
- Bacon bits (opcional)
- Spray PAM

Precalienta el horno en 350 grados. Rocía PAM en un plato de cristal de hornear (mostrado en la foto) y coloca los sprouts. Cúbrelos con las tiras de tocineta en forma vertical y luego horizontal. Vierte la taza de queso y agrega los bacon bits a gusto. Hornea por 20 minutos. Acompaña con aguacate, si gustas.

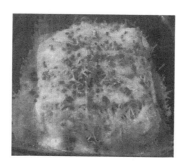

Lasaña de Calabacín Verde (Zucchini)

- 2-3 Calabacines verdes cortados en lascas
- 1 libra de carne molida de pavo o res
- 2 tazas de queso mozarela rallado
- Ghee
- Spray PAM
- Ajo en polvo
- Sea Salt
- Orégano en polvo o fresco
- Sea Salt

Prepara la carne molida de pavo, según las recetas previas, o a tu preferencia. Una vez cocida la carne, precalienta el horno en 350 grados. En un plato/molde de cristal, rocía spray PAM y acomoda las lascas de calabacín como se muestra en la foto:

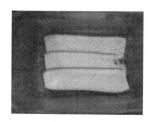
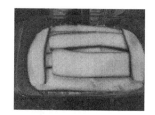

Primero van las capas de calabacín, luego la carne de pavo y queso. Prepara cuantas capas desees. Para esta receta hice 3 capas. Personalmente, me gusta sin salsa, pero si deseas utilizar una salsa marinara sin azúcar añadida, puedes hacerlo, o mezclar la carne con queso crema, una vez cocida. Recuerda contar tus macros, especialmente los carbohidratos. Calienta por 20 minutos y luego reposar de 2-3 minutos. Sirve con aguacate y/o ensalada verde, si lo deseas.

Ensalada de Huevo, Aguacate y Tocineta "a la Panera"

- 2-3 huevos hervidos
- 1/4 cebolla morada cortada en rodajas
- Medio tomate cortado en trozos pequeños
- Medio aguacate cortado en trozos pequeños
- 1-2 oz de pollo a la parrilla o cocinado al vapor. Para economizar tiempo, yo compro unas tiritas de pollo, ya cocidas, aunque lo ideal es prepararlo en casa.
- 3 tazas de Spring Mix (o ensalada verde favorita).
- Queso parmesano rallado o en lascas pequeñas ("shaved")

Mezcla todos los ingredientes en un plato hondo y espacioso. Prepare el aderezo.

Aderezo de aguacate

- 1/2 aguacate
- 2 cucharadas de vinagre de manzana
- 1/2 sobre o cucharadita de Stevia (opcional)
- 3-4 cucharadas de "heavy cream"
- Cilantro fresco o seco a gusto
- Pizca de sea salt

- Pizca de Jengibre en polvo (opcional)
- Pizca de ajo en polvo (opcional)
- "Bacon bits" (opcional)

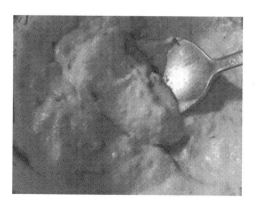

Mezcle todo preferiblemente en un procesador de alimentos y sirva con la ensalada.

Mis resultados fueron paulatinos, pero consistentes. Confía en el proceso y sé paciente.

Chips de Queso

- Queso rallado favorito (¡el cheddar es perfecto para hacer chips!)
- Orégano o adobo italiano (opcional)
- Papel pergamino ("parchment paper")

Precaliente el horno en 350 grados. Ponga un pedazo de papel pergamino de cocina encima de una bandeja de hornear. Vierta pequeñas cantidades como se muestra en la foto y hornee de 10 a 15 minutos o hasta que los bordes se tornen oscuros. Permite enfriar y acompáñalas con guacamole (checa mi receta en este libro) o con salsa roja sin azúcar añadida. Otras opciones son con queso crema o crema agria.

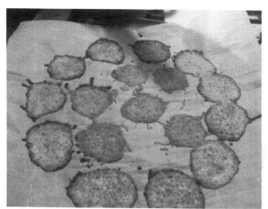

Tienes muchísimas opciones para acompañar los chips de queso.

Son súper versátiles. Para moldearlos como "tacos", dales forma inmediatamente que los saques del horno. El truco es hacerlo antes de que el queso se "tueste" (se enfríe).

Mini chips/Muffins de Queso preparados por mi musa, mi mamá
(checa la receta en mi página de Facebook:
Laura Santiago-Keto Chica)

A continuación, algunos ejemplos de mis platos "keto" que no necesitan explicación y que por lo general se componen de la siguiente manera:

keto__chica ...

Carne de cerdo al Ghee, con brócoli y calabacín verde.

Carne de cerdo al Ghee con brócoli y zanahorias, acompañado de aguacate y tomates.

"Pasta" de butternut squash con calabacines
amarillos y verdes, setas y carne de cerdo al Ghee.

Aquí, carne de res acompañada de brócoli y
zanahorias y ensalada preparada por mi esposo que
es vegetariano. Si eres disciplinada, puedes
acompañarla con un pinot noir.

Menú parecido al anterior, excepto que es pollo y en vez de ensalada, aguacate.

Esta pizza fue preparada utilizando la harina de Carb Quick. La puedes conseguir en Amazon. Es buena, como decimos en "slang" boricua, para "resolver", no se debe abusar. La receta es similar a la pizza con masa de queso.

En verano hacemos muchos pasadías al aire libre, aprovechando las temperaturas calientes. Acá por el Norte, duran muy poco. Esto es espárragos envueltos en tocineta y preparados a la BBQ.

¿Extrañas Olive Garden, o deseas hacer una versión del pan con aceite de oliva? Has la receta de pan de ketoconnect.net (previamente compartida) y prepara un "dip" de aceite de oliva 100% con orégano y perejil. También, puedes hacerlo con hierbas/especias favoritas.

Mi receta de "coleslaw" va con todo. Pollo, cerdo, res y acompaña con aguacate. ¡Súper keto!

Este plato es perfecto ejemplo de balancear proteínas y carbohidratos saludables, si ya consumiste tus grasas del día.

Durante esta aventura, una vez "keto adapatada" por 4-5 meses, acompañé mis comidas con una copa de vino tinto casi todos los fines de semana. Si mantienen control y balance, les aseguro que se puede.

Carne de cerdo en Ghee, acompañado de zanahorias, brócoli y cebolla roja.

Keto Postres

Keto Cheese Cake

- 2 barras de Quest Nutrition (Cinnamon Roll Cereal Bar) o cualquier barra preferida de Atkins para hacer el "crust".
- 2 cucharadas de mantequilla Kerrygold
- 1 sobre de gelatina sin azúcar sin sabor
- 8 oz de queso crema (cream cheese)
- 2 onzas de leche de crema batida (Heavy Whipped Cream)
- 2 cucharadas de crema agria (Sour Cream)
- 1 cucharada de jugo natural de limón
- 2 cucharadas de sustituto de azúcar (erythol, swerve)

Para preparar el "crust", mezcla las barras de Quest y las 2 cucharadas de Kerrygold en un procesador (mantequilla debe estar derretida). Una vez mezcladas, vierte el contenido en un molde de cristal y acomódalo haciendo presión con una cuchara. Prepara la gelatina sin sabor según las instrucciones del empaque y deja reposar mientras continúas el próximo paso. Mezcla el resto de los ingredientes en un procesador de alimentos; puedes utilizar también una mezcladora de mano. Vierte en el envase y refrigera por una hora. Puedes adornar o servir con fresas o tus "berries" favoritas.

Keto Cookie Balls (polvorones)

- 2 huevos
- ¾ taza de harina de almendras
- 1/3 taza de harina de coco
- ½ taza de Mantequilla Kerrygold (temperatura ambiente).
- ¼ taza de Swerve o Erythol
- ½ cucharadita de vainilla
- ¼ cucharadita de sea salt
- Mini Chocolates marca Lilly ("sugar free")
- Papel pergamino

Precalienta el horno a 350 grados. Mezcla los ingredientes secos primero (harinas, Swerve, sea salt y los chocolates). Luego agrega los huevos, mantequilla y vainilla. Mezcla bien. Utiliza una bandeja de galletas y coloca papel pergamino en el tope. Con una cuchara toma una cantidad para hacer las bolitas (aproximadamente 1 pulgada y media de ancho). Colócalas en la bandeja y hornea por 12 minutos o hasta que tengan consistencia.

keto__chica

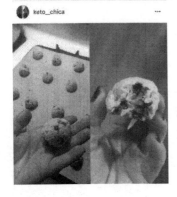

Cuando ando de prisa, trato de buscar opciones rápidas y fáciles de preparar. Este plato muestra 2 tiras de "bacon," ¼ de aguacate, una rodaja de jamón de pavo y queso suizo y un pedazo de mi "keto cheesechake" (receta previamente compartida).

¡Cuando no puedas llegar a Starbucks o Wawa, prepara tu "keto-latte" en casa!

- 4-6 oz café negro
- 1-2 cucharadas de h&h
- 1 cucharada de "sugar free" caramel sea salt o mocha syrup (TJ Maxx o Marshall's)
- 1 pizca de canela
- 2 cucharadas de "Whipped Cream"

Mezcla todos los ingredientes en una taza con un mezclador portátil y listo. Adorna con "Whipped Cream".

Meriendas Favoritas

Tomate y Mozarela

- 1 tomate grande
- 1 bola pequeña de queso mozarela
- Vinagre balsámico
- Albahaca (Basil)

Corta el tomate y el queso en rodajas. Vierte un poco de vinagre balsámico y adorna con albahaca fresca o seca.

keto__chica   •••

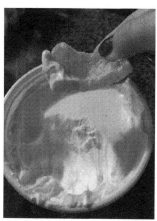

Chicharrones con sour cream, yes please!

- 1 taza de chicharrones
- 2 cucharadas de crema agria ("sour cream")

Zanahoria y Mantequilla de Maní o Almendras

- 1 "stick" de zanahoria
- 1 cucharada de mantequilla de Maní o Almendras

Una de mis meriendas favoritas, especialmente acompañadas de una copa de vino tinto, es combinar *1 taza de chicharrones de cerdo, 1/3 taza de nueces mixtas y 1 oz de "dark chocolate".*

Pan con harina de almendras (Enlace de la receta compartido previamente, cortesía de nuestros amigos de Keto Connect). Aquí, servido con 2 opciones: *1 cucharada de mantequilla de cacahuete orgánico y 1 cucharada mermelada de fresas sin azúcar.* Excelente desayuno o merienda.

Opciones para merendar fuera de casa: y opciones "sugar free"

He sido fan de los productos de Atkins por mucho tiempo. Incluso antes de hacer este estilo de vida keto, siempre he velado mis carbohidratos, de modo que los productos Atkins cumplen su cometido. Claro, siempre con control. No los consumo a diario, pero siempre tengo a la mano una barra o una merienda, principalmente si estoy fuera de casa por mucho tiempo o si voy para el cine. Esto evita que me llene la boca de palomitas de maíz o que los nachos con queso lleguen a mí. Mis meriendas favoritas de la marca Atkins. Todos los productos Atkins son "keto-friendly". Ejerce juicio y control.

Ojo con todas las chulerías "sugar free". De vez en cuando está bien, pero no abuses. Pueden dar calambres estomacales y también interferir en tu proceso de entrar o mantenerte en ketosis.

Mis opciones para comer fuera

keto__chica   ...

- En Wawa, ordeno el Sugar free Caramel Late (Caliente o "frozen") con half & half. Las chicas son adorables y siempre me complacen. También tienen sus sándwiches disponibles como ensalada.

"Hoagie chicken salad" de Wawa.
"Gotta have Wawa!"

- En Starbucks, ordeno el Sugar Free Caramel Macchiato con half and half y vainilla "sugar free".

- En Panera, opto por la Cobb Salad. Satisface y es deliciosa, pero cualquier ensalada de Panera es excelente opción. ¡Me encanta comer aquí! Checa en mis recetas mi adaptación de esta deliciosa ensalada.

- En Five Guys son conocidos por la mejor hamburguesa en la zona y tienen opciones keto. ¡Hello hamburguers envueltos en hojas de lechuga o al plato! Pídelo con todos los "powers". ¿Y qué me dices de los "peanuts" de cortesía, mientras esperas por la orden?

Estos chips siempre los consigo en Wawa, usualmente los acompaño con el café de la tarde. Una bolsa rinde para 2-3 días.

keto__chica

Cobb Salad de Panera, mi favorita. Checa mi versión en la sección de recetas.

Si voy a comer en un "fast food", tienes muchísimas opciones, pero mis favoritas son Wendy's o DQ. Ambas ofrecen varias alternativas. Puedes escoger una hamburguesa con todo lo que desees y remover el pan u ordénala al plato. En vez de ordenar papas fritas, opto por una ensalada pequeña ("side salad") como acompañante. Aunque tomar un refresco de dieta no es "terrible", la mejor opción para tomar siempre será agua. Si dejar el refresco es un reto (lo fue para mí), puedes tomar agua carbonatada con o sin sabor (¡ojo con la azúcar añadida!). ¡Hará el truco!

Lo importante es reconocer que siempre hay alternativas para mantenerte dentro de este estilo de vida.

Delicioso "Grilled Chicken Bowl" de Chipotle Mexican Grill. No se te ocurra pedir el arroz, eh?

¡Puedes...claro que puedes!

Bombas de Grasa
"Keto Fat Bombs"

Peanut Butter Fat Bombs a la Reeses' (bombas de grasa)

- ½ taza de mantequilla de maní o almendras (orgánica)
- ½ taza de aceite de coco 100%
- 3 cucharadas de Kerrygold
- 2 cucharadas de Stevia o Erythol (Swerve)
- 1 barra de Dark Chocolate 80% cacao
- 2.5 cucharadas de aceite de coco 100%
- 1.5 cucharadas de Stevia o Erythol

En una olla mediana, derrite a fuego mediano/bajo la mantequilla de maní o almendras (puedes combinarlas si gustas) con el aceite de coco y 2 cucharadas de Stevia o Erythol. Mezcla bien los ingredientes con un palito de madera preferiblemente. Retira del fuego y vierte en un molde de hacer hielo o chocolates (ilustrado), dejando un espacio en el tope para la mezcla de chocolate. Coloca en el congelador. Derrite el chocolate con las 2.5 cucharadas de aceite de coco y 1.5 cucharadas de Stevia o Erythol. Sirve en el tope de los moldes y vuelve a colocarlos en el congelador.

Keto Chica's Cream cheese /dark chocolate fat bombs

- 8 oz queso crema
- 3 cucharadas mantequilla Kerrygold (temperatura ambiente)
- ¼ cucharadita de extracto de vainilla
- 1/4 taza de Swerve/erythol
- 1 dark chocolate bar (whole – mínimo 80% cacao)
- 3 cucharadas de aceite de coco

Mezcla el queso crema, Kerrygold, vainilla and erythol hasta que tenga una consistencia "smooth". Vierte en los moldes, dejando un poco de espacio para el chocolate y pon en el freezer de inmediato.

Derrite el chocolate en una olla pequeña con el aceite de coco. Vierte encima de lo moldes, solo un poco en el espacio disponible. Coloca en el congelador por una hora y listo.

Keto Chica's Dark Chocolate Chewy Squares

- 1 barra de dark chocolate mínimo 80% cacao
- 2 cucharadas de aceite de coco
- 1 cucharada de Swerve o sobre de Stevia
- 2 cucharadas de mantequilla KG
- ½ taza de nueces mixtas sin azúcar añadida

Derrite en una olla a fuego bajo, la barra de chocolate, aceite de coco, Swerve/Stevia y mantequilla. Con una cuchara y con mucha precaución, mezcla los ingredientes y luego agrega las nueces. Vierte el contenido en los moldes y coloca en el refrigerador por media hora. Recuerda contar tus macros. Las "bombas de grasa" son deliciosas, pero disfrútalas con control y sin excesos.

Estos moldes los compré a través de Amazon.

¡Así lucen y saben divinos!

Keto Pumpkin Spice Mousse

Este postre es perfecto para otoño e invierno, pero puede prepararse en cualquier época del año.

- 16 oz de calabaza en puré. Puede ser preparada en casa o una marca confiable enlatada.
- 2 tazas de "Sugar Free" Pumpkin Spice cream (Coffee Mate o International Delight)
- 1 lata de Crema de Coco orgánica y sin azúcar añadida (checa la marca sugerida en la lista del supermercado).
- 1 taza de Heavy Whipping Cream
- 2 cucharadas de Pumpkin Spice
- Pizca Sea Salt
- 1/3 taza de "sugar free chocolate chips" (opcional).

Mezcla todos los ingredientes (excepto los chocolates) con una mezcladora de mano (hand mixer) y sirve en tazas de postre, cubre con papel plástico y coloca en la nevera hasta el próximo día. Tendrán magnífica consistencia. Sirve con un poco de crema batida ("whipped cream") y "chocolate chips".

Rollo de Queso Crema y Nueces

- 8 oz de queso crema
- ½ taza de nueces
- Papel pergamino de cocina (parchment paper)

Coloca papel pergamino en una superficie plana y el queso crema en el tope. Agrega las nueces encima y envuelve con el papel, haciendo la forma de un cilindro. Coloca en la nevera por una hora para que tome consistencia. Corta en rodajas, según la cantidad que consumirás, guarda el resto en la nevera. Puedes agregar una o dos cucharadas de vino tinto para darle un gusto extra (opcional).

Mis Rutinas de Ejercicio/Entrenamiento

Vivir un estilo de vida keto, te hará bajar de peso y tu calidad de vida mejorará, puedo dar fe de eso. Sin embargo, es importante hacer espacio para el ejercicio. Es harto conocido los beneficios que ofrece ejercitarse, de modo que no es necesario abundar en ello. Escoge un programa con el cual te sientas cómoda y has el compromiso de seguirlo al pie de la letra. Empieza poco a poco, no tiene que ser perfecto, lo importante es que lo hagas. Te prometo grandes beneficios, con un colateral extra: no solo ponerte ese pantalón que lleva años en el closet; sino verte y sentirte super bien en ellos.

El cardio es importante, pero es necesario agregar ejercicios con resistencia y fortalecer la masa muscular. ¡Músculos fuertes queman grasa! Recuerda consultar con tu doctor antes de empezar cualquier programa de ejercicios.

Come mencioné al principio, comencé esta aventura trabajando con kettle bells. Luego integré Les Mills Pump y Les Mills Combat. Si deseas saber más acerca de estos programas, entra al website global www.lesmills.com

El peor ejercicio, es el que no se hace.

Planifica los ejercicios de modo que se conviertan en hábito y parte de tu rutina diaria.

No le temas a hacer rutinas con peso. Recuerda que músculos fuertes queman grasa.

Mi "go to workout" cuando se trata de hacer rutinas con peso es "Les Mills Pump." El efecto de las continuas repeticiones ayuda a esculpir tu cuerpo y tonificar.

Las rutinas que combinan artes marciales son mis favoritas.

Respira...

Mis técnicas para manejar el estrés y la ansiedad

Queremos hacerlo todo, ¿cierto? Balancear familia, casa, trabajo y encima que nos quede algo de tiempo para nosotras. Eso es tarea difícil, de modo que aquí compartiré algunos de mis técnicas para lograr balance de forma realística, centrarse en los que es importante y vivir mis reinas, vivir...un día a la vez.

No puedo controlarlo todo, pero mi salud y mi
bienestar son mi responsabilidad y de eso tengo
100% total control.

Oración/Meditación – Si eres creyente o te consideras una persona espiritual, debes saber que a través de la oración encontrarás, no solo paz, sino las respuestas que buscas. No me considero religiosa, pero esa conexión con el Ser Supremo me da la paz que necesito y las fuerzas necesarias para comenzar el día. Si no eres creyente o religioso, utiliza la meditación a través del yoga, ejercicios de estiramiento, "foam roller" y a través del silencio. Hay una aplicación que se llama "Calm", es gratis y es divina. La recomiendo para reiniciarte mentalmente y calmar el estrés y la ansiedad.

"Prográmate" para pensar positivo. Que todas las mañanas, cuando abras los ojos, sientas paz y gratitud por un nuevo día. No todos amanecen con esa oportunidad. Eso dictará el resto de tu día.

Baila – Baila como si nadie estuviese mirando. Sí, es un viejo refrán, pero no deja de ser liberador. ¿Estás estresada? ¡Baila! Pon tu música favorita y saca la bailarina que vive en ti. Cierra los ojos y déjate llevar por la música. Hazlo y verás como esas endorfinas salen a pasear.

Planifica - No podemos llevar a cabo los pendientes si no planificamos. Procura llevar una agenda diaria y planifica con tiempo. Anota citas, juegos, reuniones escolares en un calendario y mantenlo a la vista de todos. Una familia que coordina y planifica, evita contratiempos y te ayudará a mantenerte centrada.

¿Tienes Metas? - No dejes que la rutina, edad o el tiempo sean factores para no lograr tus metas. ¿Tienes sueños? Ve por ellos. Escribe lo que te gustaría lograr. Afírmalo y créelo posible. Diseña tu propio plan. ¿No sabes por dónde empezar? Haz tu propia búsqueda y no temas pedir ayuda.

Es importante sacar tiempo para una. La vida va muy de prisa y olvidamos que somos pilares, que somos esa fuerza, esos cimientos que mantienen el hogar fuerte y en orden. Debemos cuidar de nosotras para que podamos cuidar de los demás.

keto_chica

Tener apoyo en este proceso es importante. Habla con tu esposo, novio, padres, amigos y déjales saber tus intenciones.

Aunque haya personas cercanas que no vivan o entiendan tu estilo de vida, éstos te brindarán el apoyo que necesitas si usas tu voz. Si te sientes incomprendida, está bien. Sigue adelante. Al final del día, tu eres quien se sostiene así misma, por lo tanto, eres tú quien está en control.

Escoge no ser víctima – Escoge siempre prevalecer ante la adversidad. No importa las circunstancias, nunca decidas ser víctima. Crécete ante cualquier situación y cántate victoriosa, no solo cuando ganas, también en los días grises.

¿Insegura tú? ¡No más! El miedo lo dejamos en la gaveta. Es momento de sacar esa mujer fuerte, decidida a triunfar. Camina con la frente en alto, no importa si no has llegado a tu peso, si no tienes maquillaje, si andas despeinada. La forma en que una mujer se maneja, especialmente cuando no está en su "mejor momento", revela su verdadero carácter.

Sé realista y paciente en tus metas – No te tomó un mes aumentar de peso; de modo que no te tomará un mes, perderlo. Ponte metas realistas y sé consistente.

Por ejemplo, proponerte perder de 3-5 libras al mes, leer diariamente 10-20 páginas de un libro, empezar con 15-20 minutos de ejercicios...las posibilidades son infinitas. Sólo sé gentil contigo misma, trátate bien y vive un día a la vez.

Detente y respira - Reconoce que por más que quisiéramos controlarlo todo y tener todo en perfecto orden, es casi imposible. No pudiste limpiar o terminar esto o aquello, tuviste que reprogramar tu calendario, no te dio tiempo de hacer una gestión. Una frase que me repito a diario es: "la casa es un desastre, pero al menos mi sala luce ordenada." Chicas, hasta prender una vela aromática hace maravillas. No siempre puedes tenerlo todo al día, pero al menos ordena tu sala, no solo la sala de tu casa, si no tu "sala" emocional y física, si entiendes lo que digo. Una vez estás en control de tus emociones, todo lo demás fluye.

¡Celébrate! – Así como lees. Celebra lo maravillosa que eres. Celebra todo lo que has logrado y lo que te falta por lograr. No importa si eres soltera, casada, divorciada. Si tienes hijos o no. Celebra que no importa las circunstancias, siempre saldrás triunfante. Que eres hermosa por dentro y eso a su vez, se refleja "afuera". Celebra que estás en control. Vístete y arréglate como te sientas cómoda y sal por esa puerta a conquistar el mundo.

¡Aguacate Power!

Ya casi terminamos, pero antes de despedirme, quiero compartir contigo mi plan de 21 días que me ha ayudado a entrar en ketosis rápidamente. Fue lo que básicamente hice durante meses. Actualmente me encuentro "keto-adaptada" y en mantenimiento, de modo que vuelvo a este plan después de algún "desarreglo" o si quiero prepararme para un evento especial.

Advertencia*: Este plan lo hice para mi uso. **Consulte con su doctor** antes de hacer cualquier cambio en su estilo de vida o empezar un programa de control de peso.*

En mi plan, integro ayuno intermitente, pero ayunar es completamente opcional y si tienes condiciones de salud, lo primero que debes hacer es hablar con tu doctor. Otro detalle importante que deseo aclarar nuevamente es que yo "interrumpo" mi ayuno en la mañana con el BC (Bulletproof Coffee); es decir, estoy en ayuno unas 10 horas entre mi última comida/merienda de la noche anterior y en la mañana tomo el BC. No consumo nada hasta las 3:00 p.m., excepto agua, café negro o té. Esto es individual, completamente opcional y varía de persona a persona. Te invito a hacer una búsqueda en línea sobre porqué hacer ayuno intermitente de esta forma, no interfiere con un estilo de vida keto.

Si no hago ayuno, me preparo un desayuno "keto-clásico" y por lo general omito el BC. Todo depende cómo ha sido o será mi día.

Aunque es un estilo alto en grasas, el exceso de éstas puede interferir con ketosis y hacerme aumentar de peso. Balance. Todo es balance.

Por lo general consumo casi lo mismo, lo cual es práctico, basado en mi rutina. Siempre optaré por un pedazo de carne, vegetales y aguacate o mi receta de "coleslaw." Aquí comparto varias alternativas con el propósito de mostrar variedad.

Para evitar el "keto flu", trato de tomar suficiente agua, mis vitaminas y caldos de hueso. Si me siento muy débil o de mal humor, aumento un poco el consumo de carbohidratos, a través del consumo de vegetales. Mientras hago este plan, no hago ejercicios los primeros días para darle oportunidad al cuerpo a que se adapte a los cambios.

Al cabo de una semana, verifico si ya estoy entrando en ketosis a través de la orina con las tirillas ("keto strips") que se pueden adquirir en cualquier farmacia. Claro, esto es efectivo los primeros meses. Una vez adaptada, lo ideal es hacer una prueba de sangre que es 100% efectiva. Otra opción es la prueba de aliento, pero su efectividad ha sido cuestionada. Sé que esto varía de persona a persona. Si te haces la prueba y demuestra que aún no estás en ketosis, sé paciente. A mi me toma más de una semana entrar en "ketosis/cetosis nutricional."

¿Cómo manejo la ansiedad de comer y comer los primeros días? ¡Goma de mascar sin azúcar!

También voluntad e intención. La visualización y vibras positivas son clave para sobrepasar los primeros días.

Como una nota al calce, deseo añadir lo siguiente: Keto me ha permitido vivir. Parece cursi, pero sí. Me ha permitido disfrutar mi entorno, ocuparme de las cosas que importan. No tienen idea lo maravilloso que se siente no pensar en comida. Keto me hace sentir satisfecha, con energía y eso me hace ser proactiva. Es un efecto en cadena. El valor propio y las ganas de triunfar se apoderan de ti. No hay espacio para la auto-lástima, autodestrucción. No hay espacio para las excusas. La sensación de bienestar es increíble. Doy fe de eso. En otras palabras, cambiar mi estilo de vida a uno ketogénico, transformó mi vida.

Mi razón de ser: mi familia.

Keto Chica's 21 Day Challenge

Mi plan de 21 días se compone diariamente de lo siguiente:

- Ayuno Intermitente (opcional)
- Bulletproof Coffee (BP) en la mañana (Té si no tomas café. Puedes preparar un "Bulletproof Tea").
- 1 comida (con la cual rompo ayuno a las 3 pm)
- 1-2 meriendas
- Té de jengibre en la noche (antes de acostarme)
- Mis suplementos (Hable con su doctor)
  1. Vitamina C
  2. Vitamina D
  3. Magnesio
  4. Caldos de hueso (bone broth)
  5. "Pink Himalayan Salt"

Leyenda:
Bulletproof Coffee – BC
Heavy Cream – HC
Heavy Whipping Cream – HWC
Half & Half – H&H
Mantequilla Kerrygold - KG

(Prohibida la reproducción)

Día	Comenzan do el Día	Merienda	Comida Principal	Merienda	Antes de Dormir
1	BP o Desayuno	2 oz de queso preferido	Ensalada de Huevo	1 oz dark chocolate y sea salt	Té de Jengibre
2	BP o Desayuno	Atkins Bar o ¼ aguacate con sea salt	Fathead Pizza	2 rollos de pavo y ½ aguacate	Té de Jengibre
3	BP o Desayuno	2 rollos de jamón de pavo y 1 cda. queso crema	Ensalada de huevo y aguacate "a la Panera"	1 tomate con 1 oz queso mozarela y 1 cda. de vinagre balsámico	Té de Jengibre
4	BP o Desayuno	Atkins Bar o 1 oz de fresas	Pedazo de carne (4 oz) y mi Keto Coleslaw	2 huevos hervidos y 1 cda. mayonesa.	Té de Jengibre
5	BP o Desayuno	1 cda. de "peanut butter" orgánico	Taco Dip de cerdo o pollo	2 oz de moras y whipped cream	Té de Jengibre
6	BP o Desayuno	2 oz blueberries/1 cda. de whipped cream	2 hamburguesas de pavo, queso y aguacate (no pan)	1 "stick" de zanahoria con 1 cda. "almond butter"	Té de Jengibre
7	BP o Desayuno	2 oz queso preferido	Arroz frito de coliflor con huevo y jamón	½ aguacate con sea salt	Té de Jengibre
8	BP o Desayuno	Atkins Bar o 1/2 aguacate con sea salt	"Pasta" zucchini y pollo/salsa alfredo	1 oz dark chocolate y sea salt	Té de Jengibre

9	BP o Desayuno	1 cda de mantequilla de maní o almendras	Ensalada de huevo y aguacate "a la Panera"	Avena "Cremita"a la keto chica	Té de Jengibre
10	BP o Desayuno	Atkins Bar o 2 oz queso preferido	Fathead Pizza	1 "stick" de zanahoria y 1 cda. "peanut butter"	Té de Jengibre
11	BP o Desayuno	1-2 oz de frambuesas	2 hamburguesas de pavo, queso y aguacate (no pan	½ aguacate con sea salt	Té de Jengibre
12	BP o Desayuno	1 oz o 1/3 taza de nueces mixtas	"Lettuce Wraps" de pollo o carne molida	2 huevos hervidos y una cda. de queso crema	Té de Jengibre
13	BP o Desayuno	Atkins Bar o 2 oz queso	Keto Clásico	Fresas con WC	Té de Jengibre
14	BP o Desayuno	2 rollos de pavo y queso	Keto Crepas de queso crema	1 taza de chicharrónc on 1 cda. de crema agria	Té de Jengibre
15	BP o Desayuno	Beef Jerky orgánico	Desayuno Clásico	½ aguacate y sea salt	Té de Jengibre
16	BP o Desayuno	1 cda de mantequilla de maní o almendras	Butternut Squash pasta y pollo con queso crema o ricota	1 tomate con 1 oz queso mozarela y 1 cda. de vinagre balsámico	Té de Jengibre

17	BP o Desayuno	1-2 oz moras	Arroz frito de coliflor con ghee a gusto	1 "stick" de zanahoria y 1 cda. "peanut butter"	Té de Jengibre
18	BP o Desayuno	Beef Jerky orgánico	Desayuno Clásico	2 oz de moras y 1 cda. "whipped cream"	Té de Jengibre
19	BP o Desayuno	2 rollos de jamón de pavo y 1 cda. queso crema	"Lettuce Wraps" de pollo o carne molida	2 Deviled Eggs	T éde Jengibre
20	BP o Desayuno	1-2 oz arándanos	Keto Crepas de queso crema	1 taza de chicharrón y 1 cda. de crema agria	Té de Jengibre
21	BP o Desayuno	2 rollos de jamón de pavo y 1 cda. queso crema	Taco Dip de cerdo o pollo	Avena cremita a la keto chica	Té de Jengibre

Si completaste el día 21, ¡te felicito! Ahora a continuar. No vuelvas a los hábitos que te hicieron aumentar de peso. Como decimos los boricuas, "¡ahora es que se pone buena la cosa!"

Ahora puedes ponerte creativa con todas las recetas compartidas en este libro. Recuerda estar consciente de tus macros, especialmente la cantidad de carbohidratos. Lee las etiquetas y verifica siempre los ingredientes para identificar azúcar "escondida".

Es importante monitorear tus niveles de ketones y estés segura de que lo estás haciendo bien. La forma más precisa es a través de la sangre, pero otra alternativa es a través del aliento. No es 100% preciso, pero por lo general detecta cualquier rastro de cetonas/ketones en el aliento. Este aparato está disponible a un precio accesible y lo consigues en www.houseofketo.com Usa mi código: HOK20% para que obtengas un 20% de descuento.

¿Qué Dicen Las Keto Chicas?

- *"Después de intentar varios métodos para la pérdida de peso, el estilo de vida cetogénico ha sido mi mejor aliado para exterminar esas libras demás y la grasa acumulada en mi cuerpo. El reto de 21 días de Keto Chica llegó a mi vida cuando había perdido las esperanzas de alcanzar un peso saludable. He perdido libras y pulgadas consumiendo alimentos que me hacen sentir satisfecha y sin sentir antojos por otros que afectan mi salud. Mis dolores musculares han disminuido, duermo mucho mejor y la energía me acompaña todo el día gracias a este estilo de vida".*

Diara Cosme, 34 años
Corozal, Puerto Rico

- *"¡Haber cambiado mi estilo de vida a uno ketogénico, ha sido la mejor decisión que he tomado! ¡De la mano de Laura, sus consejos y recetas he tenido un cambio increíble en mi vida! De talla 16, llegué a talla 12 en 21 días. Lo mejor de todo es que me siento con energía y entusiasmo y mi azúcar volvió a niveles normales. Padezco de diabetes y fibromialgia y mis dolores y estados de ánimo han mejorado 100%. ¡Voy por más!"*

Wandaly Diaz Colón, 41 años
Orange Park, Florida

- *"He probado muchísimos métodos para perder peso a lo largo de mi vida, desde pastillas, hasta inyecciones; y ni hablar de todas las dietas drásticas. Nada funcionó y/o no duraba lo suficiente. Hasta que conocí "KETO" a través de Laura Santiago. Antes de iniciar este estilo de vida estaba escéptica ante lo que Keto significaba, pero me di la oportunidad de realizar el plan de 21 días, nada podía perder. Los resultados comenzaron a presentarse casi de inmediato, no solo en la báscula, sino en mi salud en general. Les aseguro que no solo estoy perdiendo muchísimo peso, sino que mi salud ha mejorado dramáticamente. Duermo bien, estoy llena de energía durante todo el día, mis síntomas de hipoglucemia han desaparecido y mi autoestima ha tomado control de mi vida. Me siento completamente renovada. ¡Me siento increíble!"*

Mariamdelisse Negrón, 35 años
Corozal, Puerto Rico

- *En la vida andamos constantemente buscando las cosas simples y que no te resten más tiempo de los ajetreos diarios. En los pasados años he estado experimentando toda clase de dietas sin obtener el resultado deseado. Es bueno cuando en el camino te encuentras con alguien que comparte tu sentir y está dispuesta a ayudar desinteresadamente. Gracias Keto Chica. Boricua como yo, por sacar de tú tiempo y* ayudarme a descubrir mi nuevo estilo de vida. Mucho éxito y que tu camino siempre esté lleno de bendiciones

Carmen Ríos
41 años, Naranjito, Puerto Rico

-   "Mi experiencia en este nuevo modo de vida cetogénico, ha sido lo mejor que me ha pasado. No solo he bajado de peso, si no que mis niveles de colesterol alto y presión alta han bajado a niveles normales. Gracias a Laura Santiago por sus consejos, ricas recetas y sobre todo por el tiempo que nos ha dedicado para que logremos nuestras metas. Con esfuerzo y disciplina todo es posible."

Griselda Martínez, 43 años
Newburgh, New York

-   "Participé en el 2do reto de los 21 días. Fue uno lleno de sacrificios, aventura, pero sobre todo de voluntad y nuevas experiencias. El apoyo, guía y orientación de Laura fue vital para alcanzar un buen resultado. Las recetas son ricas y fáciles de preparar. Como todo cambio en mi vida, tuve que hacer ajustes, pero nada que no se pueda lograr. Me siento feliz de poder ponerme la ropa que no me servía, pero sobre todo de sentirme bien conmigo misma."

Magdalíz Morales, 39 años
Naranjito, Puerto Rico

"¡Laurie! Has sido una inspiración increíble para mí. Estoy muy agradecida por tu orientación, consejos y textos tarde en la noche cuando me preocupaba comenzar este nuevo estilo de vida. Estaba decidida a comer sano y perder peso y sabía que tenía que hacer algo al respecto. Al principio solo la palabra "Keto" me asustaba. Tenía miedo al fracaso de que Keto no funcionara para mí, pero gracias a tu camino en este estilo de vida, ayudándome a comprender lo que significa estar en cetosis y compartir lo que funcionó para ti, ¡estoy teniendo éxito! Funcionó, lo hiciste tan fácil, sin complicaciones y ya no estoy intimidada por la palabra "Keto" o el estilo de vida. Me siento increíble y llena de energía. Mi piel y cabello adquirieron un aspecto y una sensación diferente. No sé para dónde se fue la hinchazón en mis piernas, las libras y pulgadas que he perdido, dolores y molestias y todas las cosas que vienen de las hormonas y el sobrepeso, todo se ha ido, pero estoy eufórica de haber decidido hacer Keto Chica's 21 Day Plan y ser una de las primeras Keto Chicas de Laura. Me alegra tanto que esto haya funcionado para mí. ¡Esto ha sido la mejor decisión de mi vida! Mi viaje acaba de comenzar y todo gracias a ti por tu apoyo y ánimos. ¡Eres maravillosa; estoy tan orgullosa de ti!" **Love you My Keto Queen!**

Nitza S. Yerger, 50 años,
Bethlehem, Pennsylvania

- *Mi experiencia con los procesos para bajar de peso siempre fue bien sacrificada. Pasaba mucha hambre y mis gastos económicos aumentaban drásticamente por la gran cantidad de alimentos perecederos y poco deliciosos que debía consumir. Lograba bajar de peso, aunque luego lo subía nuevamente porque no eran estilos alimenticios que pudiera tener prolongadamente, por mi estilo de vida y la tortura que conllevaba. Sin embargo, con el estilo de vida cetogénico, mi experiencia ha sido radicalmente opuesta. Los alimentos que consumo y los platos que puedo preparar son exquisitos, interesantes y de rápida preparación. No hay cotidianeidad y hasta la familia experimenta y disfruta. Desde que comencé, pasar hambre no ha sido rutina, aunque ayunas, realmente el hambre se va. He bajado de peso y pulgadas y lo más impresionante es que he visto una gran desinflamación en mi cuerpo. Me siento animada y mentalmente. más ágil. El proceso de cambio no fue fácil, pero con el apoyo de Laura y el plan que diseñó, todo fue llevadero y divertido. Me ayudó a entender la esencia de este estilo de vida y me dio apoyo cuando hubo momentos de debilidad. ¡Este cambio ha sido toda una aventura! Conté con muchísimo apoyo y por fin logré encaminar mi alimentación correctamente.*

Damaris Alejandro, 38 años
Naranjito, Puerto Rico

Espero que mi historia te haya inspirado a tomar control, a hacer un cambio positivo. No te conformes. Busca más, lee, aprende, pregunta. Has lo que funcione para ti y sé consistente día adentro, día afuera. Sé fuerte, así es como nos auto-disciplinamos y moldeamos mente y cuerpo.

Esto no se acaba aquí. Mantengamos la conversación en Facebook a través de mi página personal: Laura Santiago ("follow"), mi Fan Page: Laura Santiago – Keto Chica ("Like") y pendiente a mis próximos retos. Mantén tu libro cerca, lo necesitarás. Sígueme también en Instagram: @Keto_chica (2 "underscores). Visita mi página web para que estés al tanto de todo lo nuevo.

www.ketochica.us

Deseo agradecer a todas las participantes de los 3 grupos del "Keto Chica Challege", por el apoyo, la confianza y sobre todo por ser fuentes de inspiración a diario. Quiero agradecer además a mis Keto Chicas oficiales, quienes siempre y desinteresadamente me han dado la mano en los "test groups". Ustedes saben quiénes son.

Contenido y fotos son propiedad de la autora. Queda prohibida la reproducción sin permiso o consentimiento.
Nombre, logo y concepto registrado en Pennsylvania.

Laura Santiago
Keto Chica®
www.ketochica.us

24 de diciembre de 2016 - 31 de diciembre de 2017

73188825R00091

Made in the USA
Middletown, DE
12 May 2018